Copyright © 2023 Empower Your Life LLC

Todos los derechos reservados. Ninguna parte de esta publicación puede ser reproducida o transmitida en cualquier forma o por cualquier medio, mecánico o electrónico, incluyendo fotocopia y grabación, o por cualquier sistema de almacenamiento y recuperación de información, sin permiso por escrito del autor o editor (excepto por un revisor, que puede citar breves pasajes y / o mostrar breves clips de vídeo en una revisión).

Descargo de responsabilidad: El Editor y el Autor no hacen ninguna representación o garantía sobre la exactitud o integridad del contenido de este trabajo y específicamente renuncian a todas las garantías para un propósito particular. No se puede crear ni ampliar ninguna garantía a través de materiales promocionales o de ventas. El asesoramiento y las estrategias aquí contenidas pueden no ser adecuadas para cada situación. Este trabajo se vende con el entendimiento de que el Autor y el Editor no se dedican a prestar servicios legales, tecnológicos u otros servicios profesionales. Si se requiere asistencia profesional, deben solicitarse los servicios de un profesional competente. Ni el Editor ni el Autor serán responsables de los daños y perjuicios que de ellos se deriven.

El hecho de que una organización o sitio web sea referido en este trabajo como una cita y/o fuente potencial de información adicional no significa que el Autor o el Editor respalde la información, la organización o sitio web que puede proporcionar o recomendaciones que puede hacer. Además, los lectores deben ser conscientes de que los sitios web enumerados en este trabajo pueden haber cambiado o desaparecido entre el momento en que se escribió este trabajo y cuando se lee.

Descargo de responsabilidad: Los casos e historias de este libro han tenido detalles cambiados para preservar la privacidad.

Saliendo Vivo: ISBN: *Paperback* 978-1-64873-189-1 ISBN: *EBOOK* 978-1-64873-190-7 **Conceptos básicos sobre supervivientes:** ISBN: *EBOOK* 978-1-64873-192-1 ISBN: *Paperback* 978-1-64873-191-4 **Comienzos iniciales:** ISBN: *Paperback* 978-1-64873-193-8 ISBN: EBOOK 978-1-64873-194-5 **12 Guía paso a paso para la restauración:** ISBN: *Paperback* 978-1-64873-195-2

Impreso en los Estados Unidos de América

Publicado por:
Editorial del escritor
Prescott, Az 86301

Portada y diseño de interiores por Creative Artistic Excellence Marketing
Gestión de proyectos y lanzamiento de libros por Creative Artistic Excellence Marketing https://lizzymcnett.com

**Nacional nacional
Línea directa de abuso
1-800-799-7233**

12- Programa de restauración de pasos

Conceptos Básicos Sobre Supervivientes

Sobreviviente A Propósit

Tabla de contenido

Introducción _____ 9

Capítulo Uno: En qué sentido funciona _____ 2

Capítulo dos ¿Qué es el Programa de Sobrevivientes Propuestos? _____ 12

Capítulo tres ¿Por Qué Estamos Aquí? _____ 19

Capítulo cuatro ¿Qué es la Restauración? _____ 24

Paso uno: "Admitimos Que Éramos Impotentes Para Nuestro Abusador- Y La Vida Que Vivíamos Era Inmanejable." _____ 28

Paso dos: "Llegamos a creer que un poder mayor que nosotros mismos podría devolvernos a la cordura". _____ 34

Paso tres: "Tomamos la decisión de confiar en el Dios de nuestro entendimiento y luego entregar nuestra voluntad y nuestras vidas a él". _____ 38

Paso cuatro: "Hicimos un inventario moral intrépido y sin miedo de nosotros mismos". _____ 45

Paso cinco: "Admitimos a Dios, a Nosotros mismos y a Otro Ser Humano la Vergüenza y Humillación de Nuestra Aceptación de la Violencia Para Retener Nuestra Vida"._____47

Paso seis:"Estábamos completamente listos para liberar y pedirle a Dios que eliminara todos estos defectos de carácter". _____50

Paso siete:"Humildemente le pedimos que nos quitara nuestras carencias"._____52

Paso ocho: "Hicimos una lista de todas las personas que nos dañaron, y se volvieron dispuestos a hacer la paz con nuestros abusadores y aceptar el juicio es concedido solo por el Dios de nuestro entendimiento."_____56

Paso Nueve:"Hicimos Enmiendas Directas a Nosotros Mismos y Declaraciones de Perdón a las Personas Que Nos Han Lesionado"._____59

Paso diez: "Seguimos buscando la restauración a través de un inventario personal diario y aceptando la responsabilidad por Nuestras Acciones". _____62

Paso once:"Buscamos, a través de la oración y la meditación, mejorar nuestro contacto consciente con Dios tal como lo entendíamos, orando solo por el conocimiento de su voluntad para nosotros y el poder para llevarlo a cabo"._____65

Paso Doce:"Habiendo tenido un despertar espiritual como resultado de estos pasos, tratamos de llevar este mensaje a otros, y practicar estos principios en todos nuestros asuntos." _____ 70

Capítulo cinco¿Cómo puedo ser de servicio? ___75

Capítulo seisEn qué sentido funciona_____85

Carácter de Asuntos Uno "Nuestro bienestar común debería ser lo primero; la recuperación personal depende de la unidad del PS". _____ 90

Carácter de Asuntos Dos "Para nuestro propósito grupal no hay más que una autoridad última: un Dios amoroso como Él puede expresarse en nuestra conciencia grupal. Nuestros líderes no son más que servidores de confianza; no gobiernan"._____ 92

Carácter de Asuntos Tres "El único requisito para ser miembro es el deseo de vivir una vida libre de abusos". 94

Carácter de Asuntos Cuatro "Cada grupo debe ser autónomo, excepto en asuntos que afecten a otros grupos o a Purposed Survivor en su conjunto". _____ 95

Carácter de Asuntos Cinco_____ 97

Carácter de Asuntos Seis "Un grupo de Supervivientes Propuestos nunca debe respaldar, financiar o prestar el nombre de Supervivientes

Propuestos a ninguna instalación relacionada o empresa externa, para que los problemas de dinero, propiedad o prestigio no nos desvíen de nuestro propósito principal". _____98

Carácter de Asuntos Siete "Cada grupo de Supervivientes Propósitos debería ser totalmente autosuficiente, disminuyendo las contribuciones externas". ___ 99

Carácter de Asuntos Ocho "Propósito Superviviente debe permanecer para siempre no profesional, pero nuestros centros de servicio pueden emplear trabajadores especiales." _____ 100

Carácter de Asuntos Nueve "Propósito Superviviente, como tal, nunca debe ser organizado, pero podemos crear juntas de servicio o comités directamente responsables a aquellos que sirven." _____ 102

Carácter de Asuntos Diez "Purposed Survivor no tiene opinión sobre temas externos; de ahí que el nombre de Superviviente Propuesto nunca deba ser arrastrado a la controversia pública". _____ 103

Personaje de Affairs Eleven "Nuestra política de relaciones públicas se basa en la atracción más que en la promoción; siempre debemos mantener el anonimato personal a nivel de prensa, radio y películas". _____ 105

Carácter de Asuntos Doce "El anonimato es el fundamento espiritual de todo nuestro Carácter de Asuntos, recordándonos siempre poner los principios ante las personalidades". _____ 107

Introducción

Bienvenidos al Programa de Sobreviviente Propuesto 12 Pasos a la Restauración. El libro Comienzos Iniciales es una discusión de los 12 Pasos y 12 Tradiciones del programa PS. Todos entramos en este programa buscando la restauración de una situación abusiva. En este caso, entendemos las características comunes de los relatos de cada persona, pero escritos o verbales, la restauración de nadie es la misma. Este libro no pretende ser un estudio exhaustivo de los pasos o tradiciones de PS, ni pretende ser el trabajo final sobre cualquier aspecto de la restauración o la unidad de PS. Más bien, está destinado a ayudarle a determinar su propia interpretación de los principios contenidos en nuestros pasos y tradiciones. Nuestra esperanza es que encuentren un sentido de paz y libertad del proceso de restauración. Rezamos para que encuentre una guía completa para vivir su vida sin existir en las ramificaciones del abuso doméstico. A medida que progresas en el programa, tu participación es lo que mantiene viva la esperanza para el recién llegado. Al relacionar las experiencias de tu pasado, les muestras el camino hacia la libertad y una vida llena de promesas de un futuro brillante.

Cada miembro del PS ha contribuido de alguna manera al contenido de este libro. Ya sea que sea un miembro de larga data o un recién llegado, su experiencia es crucial para el programa y los miembros que practican el proceso de restauración. Fue nuestra conciencia colectiva la que conservó el conocimiento necesario para completar las páginas de este libro y llevar una esperanza continua al sobreviviente que todavía sufre las ramificaciones del abuso doméstico.

Recemos colectivamente este libro trae un valioso masaje terapéutico a su programa de restauración. Es a través de un sobreviviente ayudando a otro que encontramos la restauración, una conexión con nuestro Poder Superior y el mensaje de esperanza para el futuro.

Capítulo Uno: En qué sentido funciona

"Creemos como grupo entero unidos, corazón, y alma; nadie reclamó la propiedad privada de Propósito Sobreviviente, ya que todo en lo que creen se tenía en común".

El material de este libro se basa en las cuentas individuales de cada miembro que trabaja en conjunto para llevar la restauración a cualquier persona que busca la libertad del abuso. Llevamos la restauración a nuestras propias vidas cuando compartimos el mensaje de esperanza a otros.

Los capítulos de este libro están escritos con el único propósito de ayudar a los Supervivientes Propósitos en el proceso de restauración. El mensaje tiene la intención de educar, inspirar e iluminar, pero en última instancia la elección de la restauración recae sobre cada persona como individuo. Estas palabras son solo una guía y no son la última palabra sobre el proceso de restauración.

En este día:

"Haré un inventario de los logros en mi vida, cuidando de no despreciar ningún logro por pequeño que sea, recordando que el éxito solo puede alcanzarse con consistencia".

Es con gratitud en nuestra restauración que dedicamos nuestros libros de PS a nuestro Poder Superior. Reconocemos a través del desarrollo continuo de nuestro contacto consciente con dios que a ningún sobreviviente que busque la libertad del abuso nunca se le negará una mejor manera de vivir.

Seguimos siendo siervos de confianza de nuestro Poder Superior

"Si haces de mi palabra tu hogar, ciertamente serás mis protectores. Vendrás a conocer la verdad y la verdad te hará libre".

Este libro es la incorporación del Programa Sobreviviente Propósito. Le damos la bienvenida a leer el texto escrito en este libro. Es con esperanza que encuentren un camino hacia la libertad y la restauración, compartiendo la nueva vida que han encontrado con nosotros. Solo podemos ofrecer la oportunidad de cambio, pero debes dar el paso inicial.

El Programa Sobreviviente Propósito se fundó sobre la base de lograr una vida sin abusos. Estamos agradecidos por nuestros predecesores que escribieron y diseñaron los programas de 12 pasos para la recuperación y restauración. Creemos que estamos guiados por una Conciencia Mayor y estamos agradecidos por la dirección que nos permitió construir sobre la base de un programa probado para promover nuestro objetivo de eliminar una vida de abuso para cualquiera que busque la libertad.

Los miembros llegan a Purposed Survivor por diversos medios, y creemos que nuestro común denominador es que no llegamos a ninguna solución para nuestra situación de abuso. Debido a la variedad de sobrevivientes dentro del programa, abordamos la solución contenida dentro de este libro en términos generales. Nuestro objetivo es que hayamos estado buscando y meticulosos, para que cualquier sobreviviente que busque la libertad pueda encontrar una solución que les funcione.

No somos una organización religiosa. Nuestro programa se basa en un conjunto de principios espirituales guiados por un Dios de tu Comprensión. En el proceso de recolección de la información para este programa rezamos:

"Dios, oramos para que todos nuestros esfuerzos se guíen por tu voluntad y solo por tu voluntad. Somos siervos del Dios de nuestro entendimiento y a través de nuestro reconocimiento de los principios espirituales, que nuestro contacto consciente se fortalezca. Rezamos

para que ningún Sobreviviente Propósito sufra de abuso cuando buscan la libertad".

Cualquier acción que se produzca en el curso de la labor de servicio de Superviviente Propósito debe estar motivada por el deseo de llevar con más éxito el mensaje de restauración al superviviente que aún sufre en una situación abusiva. Es por esta razón que comenzamos este trabajo. Siempre debemos trabajar para ayudar al recién llegado, ya sea separado o en grupo. Este estado mental incrementó nuestro bien mayor.

Para estar plenamente conectados con un Dios de nuestro entendimiento, es imperativo que tengamos todos nuestros doce poderes mentales activos y trabajando por nuestro bien mayor. A medida que progresen en este libro, cada poder mental será explicado a través de las doce secciones. A continuación, una lista completa de los doce poderes y dónde se encuentran en el cuerpo.

- Fuerza- Pequeña de la espalda (detrás de las glándulas suprarrenales)

- Fe - Cerebro central (glándula pineal)
- Juicio - Plexo solar (fosa del estómago)
- Amor - Parte posterior del corazón (cerca de la glándula del timo)
- Poder - Raíz de la lengua (cerca de la glándula tiroides)
- Imaginación - Entre los ojos (cerca de la glándula pituitaria)
- Comprensión - Frente por encima de los ojos (cerebro delantero)
- Will - Frente (centro del cerebro delantero)
- Orden - Detrás del naval (gran centro neurálgico detrás del naval), una zona subconsciente del cuerpo para expulsar primero las emociones.
- Zeal - Parte posterior del cuello (base del cerebro)
- Eliminación - Parte baja de la espalda (órganos de eliminación)
- Vida - Órganos generativos

¿Quién es un Superviviente Propósito?

"Algunos nos preguntamos si había alguna esperanza de salir con vida, o cómo podríamos tener éxito en esta búsqueda. La respuesta es sí, salir con vida es posible, y podemos vivir una vida libre de abusos".

Si ha encontrado el Programa de Sobrevivientes Propuestos, no necesita preguntar si ha sufrido de una situación abusiva. La mayoría de nosotros ya sabemos la respuesta.

El tipo de abuso no importa. Algunas personas piensan que solo el abuso físico causa un problema; sin embargo, este no es el caso. El abuso mental puede no dejar golpes y moretones, pero las cicatrices duran toda la vida. De cualquier manera, una o ambas razones te han llevado a este programa.

Ninguno de nosotros quería ser puesto en peligro por alguien que pensábamos que nos amaba. La idea nunca fue una imagen de libertad personal o compromiso personal. Era algo que acababa de suceder, y para cuando nos dimos cuenta de la verdadera naturaleza de la relación, nuestra supervivencia estaba en peligro. Empezamos a convencernos de que todo iba a salir bien, y entonces se llevaron a cabo los "IF". En lugar de admitir la verdadera naturaleza de la situación abusiva, optamos por poner excusas para explicar por qué se estaba produciendo el abuso. La negación viene en muchas formas, y ninguna de las excusas son válidas. El abuso es abusar sin importar la situación; nunca nadie merece ser maltratado por ninguna razón.

Finalmente nos convertimos en prisioneros de nuestro abusador, sin ninguna posibilidad de libertad condicional. El resultado sólo puede tener resultados devastadores. En algún momento antes de venir a Purposed Survivor, decidimos rendirnos a la desesperanza de nuestra situación y pedir ayuda. Luego asumimos el compromiso de buscar la restauración en nuestra vida y vivir libres de abusos. Fue solo después de que tomamos esta decisión que nuestra esperanza de restauración se convirtió en una realidad. Los horrores de nuestro abuso siempre serán parte del pasado y de nuestros recuerdos, pero podemos aprender a renunciar al tormento continuo que sentimos a diario debido a las elecciones que tomamos.

Al otorgar el compromiso continuo con nuestra restauración, podemos progresar en nuestras propias vidas y eventualmente ser capaces de ayudar a otros sobrevivientes a vivir una vida de libertad también. En este punto podemos aceptar el abuso como un propósito y el medio de ayudar a promover nuestro mayor bien para todos.

Cuando entramos en la situación abusiva, no teníamos ni idea de lo que el futuro nos depararía ni del abuso al que nos enfrentaríamos. Actuamos sobre sentimientos y emociones en lugar de conocimiento y experiencia. Algunos de nosotros actuábamos sobre conductas aprendidas, mientras que otros caían en la agenda oculta de otros; de cualquier manera, nuestros caminos se cruzaron con el mismo resultado final. A través de estas líneas, encontramos el Programa de Sobrevivientes Propuestos y nuestras vidas cambiaron para siempre una vez más. En el proceso de búsqueda de nuestra restauración, llegamos al entendimiento de que solo cuando nos comprometemos verdaderamente con los principios espirituales nuestras vidas pueden ser manejables.

Capítulo dos ¿Qué es el Programa de Sobrevivientes Propuestos?

Purposed Survivor es un programa sin fines de lucro para mujeres y hombres que han soportado las ramificaciones del abuso doméstico. Somos sobrevivientes que se reúnen regularmente para ayudarse mutuamente a encontrar la restauración y vivir libres de abuso. El único requisito para la membresía es el deseo de encontrar la libertad de abuso. El programa fue diseñado con el único propósito de ayudar a las personas que buscan libertad para situaciones abusivas.

No hay cadenas asociadas a PS. No estamos afiliados a ninguna otra organización; no tenemos cuotas de inscripción, cuotas o promesas, ni promesas que hacer a nadie. No estamos conectados con ninguna agencia política, gubernamental, religiosa o de aplicación de la ley. En ningún momento estamos bajo vigilancia en ningún momento. Cualquiera puede unirse a nosotros, sin importar la edad, raza, identidad sexual, credo, religión o falta de religión.

Solo nos interesa saber cuáles son sus planes futuros para la restauración, no quiénes eran sus socios abusivos o qué están haciendo ahora. Solo podemos conservar lo que tenemos cuando aprendemos el significado del trabajo de servicio. Estar al servicio de los demás nos acerca un paso más a nuestra restauración y libertad. El recién llegado en cualquier encuentro es la persona más importante, porque aprendemos el valor de dar sin el miedo al abuso.

Purposed Survivor es un programa de mujeres y hombres que están aprendiendo a vivir una vida libre de abusos. El programa es un grupo sin fines de lucro; no hay cuotas, cargos ni cargos por servicio de ningún tipo. Cada Superviviente Propósito ya ha pagado el precio de la membresía: pagamos el precio cuando elegimos vivir una vida libre de abusos.

Salir con vida va en contra de todas las estadísticas registradas, y como sobrevivientes, elegimos reunirnos regularmente. Al rodearnos de otros sobrevivientes podemos construir nuestra esperanza de libertad por fin. Las historias compartidas son recordatorios de lo que los pasados de otros tienen en común con nosotros. Cuando escuchamos el honesto trauma de corazón de otros sobrevivientes, nuestro propósito principal es claro: llevar el mensaje a las víctimas que aún sufren las ramificaciones del maltrato doméstico.

Purposed Survivor se fundó en el éxito de muchos otros programas de 12 pasos, debido a la innumerable cantidad de experiencias en todas las fases de adicción, muerte, P.T.S.D., y muchos otros programas de apoyo disponibles. El valor terapéutico de estos grupos de apoyo es incomparable. Venimos regularmente a compartir libremente con cualquier sobreviviente que busque liberarse del abuso.

Nuestro mensaje es de experiencia. Antes de que llegáramos al Programa de Sobrevivientes Propósitos, casi habíamos perdido la esperanza de liberarnos de nuestra situación abusiva. Después de encontrar el programa PS, encontramos un grupo de personas que compartían nuestro mismo trauma y sentimientos y vidas similares. En sus historias encontramos esperanza y la promesa de restauración para nosotros mismos.

Más tarde nos dijeron que el único requisito para ser miembro era el deseo de vivir una vida libre de abuso. El problema de cómo salir con vida y cuándo ya no es un problema en nuestras vidas. Podemos tener una vida feliz y cumplida sin la continua amenaza de abuso. Nuestras familias y amigos pueden volver a estar a salvo. La vida limitada que tuvimos que soportar ya no es necesaria. Somos libres de tomar decisiones y decisiones en la vida que se adapten a nuestras necesidades, no a las de otros. Somos libres.

El lugar de la restauración debe ser seguro, y libre de influencias externas. Para la protección del programa, insistimos en que nadie de su relación abusiva sea traído o invitado a las reuniones. Nuestras reuniones deben tener un ambiente de seguridad para que el proceso de restauración se expanda. Según los principios de la recuperación, tratamos de no juzgarnos, estereotiparnos ni desmoralizarnos mutuamente. No estamos reclutados y la afiliación no cuesta nada. El Servicio de Prisiones no presta servicios sociales ni de asesoramiento.

Las reuniones periódicas son un proceso de identificación, esperanza y participación. A través del proceso de compartir, cada Superviviente puede encontrar la restauración en su vida. El poder de la restauración se hace real a mayor escala en nuestras reuniones regulares. Las reuniones se producen cuando hay dos o más Supervivientes reunidos listos para compartir sus historias y un mensaje de restauración.

Al inicio de cada encuentro se realiza una serie de lecturas y literatura, y este material está al alcance de cualquiera. Algunas reuniones tienen discusiones temáticas, oradores, o ambos. Las reuniones pueden ser cerradas o abiertas dependiendo del voto consciente del grupo antes del inicio de cada reunión. Una reunión privada es normalmente para aquellas personas que podrían estar preocupadas por cuestiones de abuso doméstico distintas de la restauración. Las reuniones abiertas son para cualquiera que busque una vida libre de abusos. El ambiente de restauración está protegido por nuestras 12 Tradiciones. Purposed Survivor es totalmente autosuficiente a través de contribuciones voluntarias de nuestros miembros. Independientemente del lugar de reunión, seguimos sin afiliarnos.

Las reuniones son un lugar para compartir nuevas ideas que aprendimos sobre vivir libres de abuso, y/o hacer preguntas sobre la progresión de nuestra restauración. La retroalimentación de otros Supervivientes sobre los principios de los 12 Pasos es lo que crea una atmósfera de esperanza y libertad. Nuestro programa es el comienzo de una nueva vida. Aprendemos el valor de los principios espirituales como la rendición, la humildad y el servicio de la lectura y la participación en el programa. Aprender a vivir una nueva vida a partir de trabajar a través de los pasos e ir a reuniones nos da el conocimiento para desarrollar una relación con el Dios de nuestro Entendimiento. El contacto consciente con nuestro Poder Superior revive el dolor de nuestro pasado traumático, corrige defectos, nos guía a una vida de ayuda a los demás, y donde hubo errores, el programa nos enseña el perdón espiritual.

Se han escrito muchos libros sobre el tema del abuso doméstico, pero este libro se ocupa de la verdadera naturaleza del abuso doméstico. Si eres un Superviviente y has encontrado este libro, por favor léelo y date un respiro.

Capítulo tres ¿Por Qué Estamos Aquí?

Como Supervivientes Propósitos, llegamos a este programa buscando una nueva forma de vida. Nuestro pasado es de trauma, dolor, culpa, desesperanza, ira y carencia. Sobrevivimos en condiciones deplorables, funcionamos bajo estrés extremo y temíamos que nuestra vida se viera amenazada a diario. Lloramos lágrimas de compasión por nuestras familias, ahogamos la ira por la situación incontrolable en la que vivíamos, y buscamos refugio de manera continua.

'Pues el árbol puede ser contado por su fruto. Ustedes, crío de víboras, ¿cómo puede ser bueno su discurso, cuando son malvados? Porque las palabras fluyen de lo que llena el corazón. La buena gente saca cosas buenas de su depósito de bondad; la gente mala saca cosas malas de su reserva de maldad. Por lo tanto, te digo que por cada mala palabra que la gente pronuncie responderán el Día del Juicio, ya que es por tus

palabras que serás justificado y por tus palabras condenado.'

Todas estas condiciones nos llevaron a la conclusión de que nuestra propia existencia dependía de encontrar una nueva forma de vida. El miedo de residir en nuestra situación actual dominó el miedo de permanecer un minuto más y tomamos una decisión consciente de buscar una nueva forma de vida. Nuestros patrones son los de comportamiento aprendido, ya sea de la historia familiar enseñándonos que así se suponía que eran las relaciones, o buscamos refugio del miedo a estar solos. En cualquier caso, optamos por escapar del abuso con una idea de que la esperanza podría darnos libertad.

Éramos víctimas de maltrato doméstico que buscábamos una salida a la situación traumática en la que existimos. Nuestras vidas se centraron en seguir cada orden que nos dio nuestro abusador. Las demandas iban de simples a complejas cada día. Algunas de las tareas consistían en atender una necesidad del abusador, preparar comida, limpiar, criar a niños pequeños, actividades sexuales o cualquier otra cosa para mantener al abusador algo contento y limitar los ataques abusivos.

Habíamos quedado aislados de nuestra familia y/o amigos, junto con la sociedad en general. La segregación nos mantuvo bajo su control de un régimen de terror y dominación. Cuanto más apalancamiento tenía el abusador, mayor era la posibilidad de que nos quedáramos; nuestro miedo a la muerte y el abuso continuo nos mantuvieron derrotados. Buscando solo algo de atención y amor de la persona que creíamos que nos cuidaba fue la razón por la que nos quedamos en la situación.

Mientras el abuso persistía, las promesas se derrumbaban y las mentiras sobrevenían, y llegamos a un punto en que morir parecía nuestra única manera de escapar. Como la mayoría de nosotros ya habíamos muerto dentro, el cuerpo físico era todo lo que quedaba. Luego algo hizo clic, un poder se nos vino encima, y tomamos la decisión de arriesgarnos a irnos, sin importar el resultado final. Fue entonces cuando por fin conseguimos nuestro primer sabor de libertad; la semilla fue plantada. Fue en este punto que algunos de nosotros optamos por regresar, pensando que el abusador de alguna manera había reconocido sus errores y confesó que estaba equivocado por sus acciones. Estas admisiones fueron los recelos miopes de nuestro maltratador para convencernos de su culpa no intencionada; reconocimientos que no tenían verdadero significado detrás de la superficie.

A nuestro regreso, los abusos se reanudaron rápidamente, por lo general a un ritmo más rápido con una mayor agresión y rabia. Nuestro abusador nos culpó por irnos y causar ataques adicionales. Este escenario es demasiado común con los casos de abuso doméstico; muchas víctimas regresan varias veces, sufriendo heridas extensas e incluso la muerte. Nuestros corazones se dirigen a esas víctimas con el reconocimiento de que ya no sufren las ramificaciones del abuso.

Cuando finalmente llegamos al Programa de Sobrevivientes Propuestos, el concepto de esperanza cobró vida para nosotros, y pudimos ver un futuro sin abusos. La gente de este programa conocía el dolor de nuestro pasado y aceptó que tiene vida. No fuimos juzgados por nuestras decisiones, criticados por las acciones de nuestro pasado, ni fuimos menospreciados como una forma de vida sin importancia. Fuimos aceptados por lo que somos y apreciados como ser humano.

¡Qué cambio para nosotros! Sabíamos que el Programa de Sobrevivientes Propósitos funciona. El programa nos enseñó que necesitábamos cambiar nuestras vidas y la forma en que pensamos. En lugar de cambiar a otras personas, ahora podríamos cambiar nuestro ser y las situaciones que nos rodean. Descubrimos nuevas oportunidades. Encontramos nuestro sentido de autoestima. Aprendimos la autoestima. Este es un programa de aprendizaje, y a través de los 12 Pasos aceptamos un contacto consciente con nuestro Poder Superior. La aceptación lleva a la restauración. Perdemos el miedo a lo desconocido. Estamos libres.

Capítulo cuatro ¿Qué es la Restauración?

"El propósito de la restauración es simplemente vivir una vida libre de las ramificaciones del abuso doméstico. Si usted está dispuesto a hacer un esfuerzo en la búsqueda de la solución a la libertad, entonces estos son los pasos básicos que debe hacer. Estos son los pasos que hicieron posible nuestra restauración".

- Admitimos que éramos impotentes para nuestro abusador y la vida que vivíamos era inmanejable.
- Llegamos a creer que un poder mayor que nosotros mismos podría devolvernos a la cordura.
- Decidimos confiar en el Dios de nuestro entendimiento y luego entregar nuestra voluntad y nuestras vidas a él.
- Hicimos un inventario moral de nosotros mismos que buscaba y temía.
- Admitimos a Dios, a nosotros mismos y a otro ser humano la vergüenza y la humillación de nuestra

aceptación de la violencia que retuvo nuestra vida.
- Estábamos completamente listos para liberar y pedirle a Dios que eliminara todos estos defectos de carácter.
- Humildemente le pedimos que nos quitara nuestras deficiencias.
- Hicimos una lista de todas las personas que nos hicieron daño, y nos pusimos dispuestos a hacer las paces con nuestros abusadores y aceptar que el juicio es otorgado solo por el dios de nuestro entendimiento.
- Hicimos enmiendas directas a nosotros mismos y declaraciones de perdón a las personas que nos han herido.
- Seguimos buscando la restauración a través de un inventario personal diario y aceptando la responsabilidad de nuestras acciones.
- Buscamos a través de la oración y la meditación mejorar nuestro contacto consciente con Dios tal como lo entendíamos, orando solamente por el

conocimiento de Su voluntad para nosotros y el poder para llevarla a cabo.

Habiendo tenido un despertar espiritual como resultado de estos pasos, tratamos de llevar este mensaje a otros y de practicar estos principios en todos nuestros asuntos.

Planificar una vida libre de abusos no es algo que debas pensar dos veces. Ningún ser humano debería tener que vivir en una situación abusiva por ninguna razón. Hay algunas preguntas que usted puede querer hacerse. ¿Quieres dejar tu situación abusiva? ¿Estás preparado para las dificultades de salir? ¿Ha aceptado la relación abusiva y entiende que es una forma de vida antinatural? ¿Comprendes completamente los resultados si te quedas? ¿Las lesiones, la violencia o incluso el miedo a la muerte plagan sus pensamientos a diario? ¿Reconoce que la situación abusiva lo convirtió en alguien que no quiere ser? ¿Participas en cosas por fuerza física o amenazas? ¿Crees que eres un fracaso y la situación abusiva controla todos los aspectos de tu vida?

Si responde afirmativamente a alguna de estas preguntas, entonces ha elegido el libro adecuado para leer. Nuestro miedo al fracaso puede eliminar cualquier posibilidad de éxito si dejamos que ese marco mental controle nuestros pensamientos. Nunca es tarde para admitir que cometiste un error y quieres proceder con una mejor forma de vida. El reto es aprender de tus errores y trabajar para no cometerlos una y otra vez. Sin embargo, esta decisión toma el compromiso y la determinación de perseguir una vida llena de opciones personales, que no nos son forzadas por otra persona. El control es una fuerza muy poderosa y supera numerosos relatos de ramificaciones cuando nos quedamos en una situación de violencia y destrucción. Solo después de haber tomado la decisión consciente de escapar de nuestra situación podemos encontrar verdaderamente la libertad que buscamos. Cualquier duda puede crear una apertura para excusas y negar la realidad de tu relación. Cuando finalmente elijas crear una apertura para la vida que deseas, haz el compromiso de lograr la restauración por el mérito de términos que te fijes para ti, no para otra persona.

Paso uno:"Admitimos Que Éramos Impotentes Para Nuestro Abusador- Y La Vida Que Vivíamos Era Inmanejable."

Sección Uno - Fe: En lo que eres firme en tu pensamiento, eres firme en tu fe.

A primera vista del pasado, podemos verlo y ver destrucción o fracaso, y la idea del éxito o la supervivencia se oculta de la vista. El miedo, la preocupación y la angustia se han apoderado de cada proceso de pensamiento que tenemos. Es solo en este momento que realmente podemos ver la luz del día; nuestro pasado y nuestro presente deben encontrarse en el medio, por así decirlo, para la claridad de nuestro destino actual.

Sólo después de que reconozcamos la realidad de nuestra situación podremos reconocer el resultado de nuestro modo de vida actual. Para continuar de esta manera solo puede haber un final de tristeza o muerte.

Por lo tanto, debemos encontrar la fuerza para irnos. Este es un punto en nuestra vida, sin embargo, donde reside el mayor peligro. Pero debemos aprender a reconocer que la única manera de encontrar la restauración es partir.

La preparación para la salida no siempre es una opción; a veces ocurre en el momento oportuno y confiamos solo en el instinto para guiarnos hacia la seguridad. Es después de la partida y la realidad de nuestras vidas se hace evidente que perseguimos el razonamiento fallido por qué debemos regresar. En estos momentos, debemos cesar cualquier acción inmediata y mantener la calma, y nunca perder nuestro propósito por la elección que hicimos.

En este paso aprendemos el verdadero significado de fuerza, resistencia y persistencia. Hay un viejo proverbio italiano, "Él conquista a quien perdura". Los antiguos filósofos enseñaban que la manera de eliminar el mal del mundo y del propio cuerpo era declarar perpetuamente: "no hay fuerza ni poder sino en Dios el bien".

La fuerza es algo más que una característica física, es un estado mental tanto en la salud como en el pensamiento consciente. Las personas que sufren de muchas dolencias no siempre están enfermas orgánicamente. Su falta de fuerza proviene de debilidad mental, emocional o espiritual.

Trabajando a través de este paso, encontramos la solución de dónde viene la fuerza y cómo soportamos sobrevivir en tal agitación. Es solo después de trabajar a través de estos pasos que podemos entender la naturaleza de nuestra existencia. Comenzamos a entender que los problemas que enfrentábamos no siempre eran de nuestra propia acción, ni éramos culpables de los abusos que padecíamos.

El Paso Uno nos proporciona la fuerza para admitir nuestra impotencia. Sin embargo, la admisión no es simplemente suficiente. Debemos aceptar verdaderamente la situación por lo que fue. Nunca podemos esperar un pasado mejor. El pasado es nuestro, sin importar las circunstancias. Donde fuimos y lo que hicimos o no hicimos nunca se puede cambiar.

Todo lo que podemos hacer ahora es educarnos en los patrones de comportamiento que nos llevaron a tomar estas decisiones. Al hacerlo, establecemos un mapa claro del pasado, centrando la atención en los verdaderos problemas detrás de nuestra situación abusiva. Esta claridad nos permitirá avanzar con un sentido de Comprensión y pensamiento consciente en cuanto a nuestras acciones en el futuro.

A menudo, evitamos la verdad porque nos causa dolor y vergüenza. Cuando negamos las acciones de nuestro abusador, la fuerza que hemos ganado se pierde una vez más. La aceptación es una parte de la sanación y la restauración. La definición de negación es, "una negativa a creer en algo o admitir que algo existe". Las razones que queremos utilizar para nuestra negación son válidas y serias, pero son la causa de nuestra falta de aceptación. Admitir impotencia sobre cualquier situación es difícil, incluso inquietante a veces. Sin embargo, solo podemos esperar la restauración cuando nos rendimos y confiamos en el Dios de nuestro entendimiento. Su guía y voluntad pueden aliviar cualquier incomodidad que podamos estar sintiendo.

Cuando nos encontramos en situaciones que están fuera de nuestro control y no hay espacio para escapar sin lesiones, ha llegado el momento de un cambio. Ninguna relación debe estar nunca abierta al abuso de ningún tipo, mental o físico.

En un momento dado, si miras de cerca tu situación personal, había señales que la mayoría de nosotros no queríamos ver, mucho menos sentir. Estas pistas nos dieron la visión que necesitábamos para enfrentar el abuso, ya sea antes o justo después de que comenzara. Desafortunadamente, todos estamos buscando amor y una base sólida para la familia, una en la que podamos estar seguros y encontrar seguridad. Fueron estas mismas razones por las que nos quedamos, cuando nuestra mente y corazón nos dijeron que nos fuéramos. A medida que el tiempo avanzaba y la situación empeoraba, comenzamos a negar el abuso y el comportamiento violento. La realidad de las circunstancias se vuelve demasiado difícil de soportar.

Nuestras mentes, sentimientos y espíritu murieron dentro. Simplemente existimos a partir de ese momento.

Para descubrir cómo podemos sobrevivir a una vida sin abusos, primero debemos entender la causa. Entonces tenemos que reconocer las decisiones que tomamos que llevaron a la situación abusiva. Recuerda, nada cambia si nada cambia.

Paso dos: "Llegamos a creer que un poder mayor que nosotros mismos podría devolvernos a la cordura".

Sección Dos - Resistencia: La palabra "fuerza" significa "perdurar", "persistir". La fuerza es la capacidad de mantenerse, a pesar de las condiciones negativas en el cuerpo o los asuntos de una persona.

William James describió el poder de la fe como no solo creer en un Poder Superior sino también poder para tu salud. Él dijo, "La fe es el centro habitual de las energías del hombre."

Una de las primeras cosas que debes hacer para restaurarte a ti mismo a la salud es llegar a creer en un Poder Superior mayor que tú. A veces cuando la vida nos guía en direcciones que no mantienen un contacto consciente con Dios, perdemos la capacidad de comunicarnos con él regularmente, en ese momento, nuestras vidas se vuelven inmanejables.

Estás leyendo y empezando a trabajar a través de estos pasos porque decidiste en un momento, tu vida no estaba funcionando. Evitar cualquier opción que pudiera decir lo contrario es negación en toda su gloria. Aprendemos que la fe está funcionando todo el tiempo, no importa lo que esté pasando en tu vida. Tu fe es el resultado directo de aquello a lo que le prestas más atención. Por lo tanto, es imperativo centrarse en lo que es bueno en su vida en este momento, y seguir manifestando el mejor resultado posible para el futuro.

El siguiente capítulo trata sobre la fe y el llegar a creer en un poder mayor que tú. Renunciar a cualquier duda o recelo sobre qué es o no la fe debe ser la primera acción. Comenzar este paso con una cabeza clara y vacía de todos los preconceptos permitirá que tu fe crezca de maneras milagrosas que ni siquiera puedes imaginar. La fe es probablemente una de las palabras más poderosas del idioma inglés; simplemente hablando la palabra que puede crear resultados increíbles en su vida inmediatamente. De todos los 12 poderes mentales, la fe es el único poder mental que puede superar cualquier circunstancia en tu vida en este momento. El primer objetivo será entender las barreras que se pueden enfrentar. La segunda es aprender a identificar qué es la fe, y qué significa tener fe.

Al aceptar el abuso como una parte normal de la vida reconocemos la falta de fe en nosotros mismos. Aceptar el pasado por lo que nos lleva a una nueva forma de pensar. Una vez que reconocemos el abuso se convierte en parte de nuestros pensamientos conscientes. La conciencia es necesaria para sanar nuestro cuerpo y espíritu de la mente.

El concepto de esperanza ha impulsado a la humanidad durante generaciones. Es la fuerza vinculante detrás de nuestra propia supervivencia, la resistencia para continuar cuando todo parece perdido y no se vislumbra un fin. Nos da optimismo renovado cada mañana cuando sale el sol.

La palabra *restauración se define como, "el retorno de algo que fue removido o abolido".* En esta situación, la restauración eres tú: El dejar de intentar ser algo que no eres por el bien de las necesidades equivocadas de otra persona. Para su curación y crecimiento espiritual, usted debe tener una comprensión firme sobre el significado de la cordura. Esto incluye la continuación del comportamiento racional.

Paso tres:"Tomamos la decisión de confiar en el Dios de nuestro entendimiento y luego entregar nuestra voluntad y nuestras vidas a él".

Sección Tercera - Sentencia: La capacidad de entender nuestra vida y las decisiones que tomamos.

El poder mental del juicio se encuentra en el estómago, que es el centro de sustancia del cuerpo. Tu estómago nutre tu cuerpo, así como tu mente nutre el alma. Si alimentas tu mente con pensamientos negativos y malnutre tu cuerpo, cada centro actuará en consecuencia. No hay diferencia entre la información, ni buena ni mala. Por lo tanto, mantener una actitud positiva nutrirá tu mente y cuerpo con una sustancia que da vida.

El tercer paso es lo que centra la mente y el cuerpo en un marco de pensamiento: la idea de la rendición.

Puedes lograr casi cualquier cosa cuando te rindes a la voluntad de tu Poder Superior y liberas todas las heridas, dolor y abuso de tu pasado. Recuerde que no puede cambiar el pasado, solo aprender de él y avanzar con un corazón abierto y la voluntad de educarse en los resultados positivos que puede lograr.

Este proceso es algo que viene del tiempo y la paciencia, pero no sin trabajo por tu parte. La restauración conlleva el precio de ejercer buenas prácticas mentales. Trabajar a través de estos pasos con una mente abierta y la voluntad de aprender es una de las únicas obligaciones requeridas para el éxito. Tus logros descansan únicamente en tu motivación para cambiar tu vida. Las dudas y miedos que se llevan dentro solo servirán para minimizar su restauración.

Podemos encontrarnos llenos de los recuerdos de nuestra relación abusiva y temerosos de comprometernos con la restauración debido a nuestro miedo al fracaso. Esta vez, sin embargo, es única en el sentido de que la decisión de hacer este cambio es suya. Nadie nos está obligando o controlando a hacer algo contra nuestra voluntad. Esta simple elección crea el momento para el éxito. Cuando finalmente nos damos cuenta de que la libertad es posible y podemos vivir libres de abusos, nuestros ojos se abren y podemos empezar a entender la realidad de lo maravillosa que puede ser la vida.

La mayoría de nosotros entramos en este programa creyendo que otro ser humano era responsable de nuestra felicidad. Habíamos pasado gran parte de nuestro tiempo complaciéndoles a toda costa. Cuando no podíamos complacerlos, nuestra primera reacción fue atormentarnos con culpa, miedo y preocupación. Después habíamos pasado incontables horas tratando de averiguar qué podíamos hacer diferente la próxima vez, y todo el tiempo nuestro abusador manipuló la situación como ellos creían conveniente. Con emociones que iban de la rabia a la ternura, se convirtieron en tornados azotando las vidas de todos a la vista, completamente inconscientes del camino de destrucción que dejaron atrás. Si las circunstancias no fueran de su agrado, intentarían cualquier medio necesario para lograr sus deseos; se saldrían con la suya sin importar el costo. Cada uno de ellos estaba tan dirigido a perseguir agresivamente sus impulsos, cualquier pensamiento consciente era inexistente. Esto normalmente significaba una incidencia explosiva, con lesiones humanas y a veces muerte. El contexto de este párrafo puede ser gráfico, pero la realidad puede ser dura a veces. Para aceptar el pasado por lo que es, la verdad debe ser revelada.

Las acciones necesarias para revelar la verdad de nuestra situación es algo que debemos reconocer de buena gana y trabajar para entregar nuestros daños pasados. Al hacerlo, concedemos nuestra voluntad propia. El centro de la voluntad de la mente es una fuerza poderosa, y cuando se deja trabajar independientemente del resto de nuestros poderes mentales, rápidamente toma el control de cada aspecto de nuestras vidas. La voluntad propia es un rasgo que todos los humanos tenemos, y cuando se ejerce apropiadamente puede ser algo positivo en nuestras vidas. La voluntad es el punto focal alrededor del cual toda acción mental se centra cuando la mente es armoniosa.

La Voluntad y la Comprensión son los poderes de la mente gemela. Trabajan juntos, pero solo cuando mantenemos una estrecha vigilancia sobre nuestra voluntad. La lucha por anular nuestro poder mental de Entendimiento es fuerte y puede ser difícil de controlar cuando no se ejerce regularmente. Esta es una práctica que llevará tiempo comprender. El diccionario afirma que la voluntad "es la parte de la mente con la que alguien decide conscientemente las cosas, el poder de tomar decisiones, la determinación de hacer algo". También establece que la voluntad "es la actitud o sentimientos que alguien tiene hacia alguien o algo". Estas definiciones tienen significados extremadamente poderosos, y sus explicaciones no deben tomarse a la ligera. El enfoque y la claridad es la clave para entender tu voluntad y la voluntad de Dios.

A medida que progresas en este programa, los principios que aprendes son invaluables para las experiencias cotidianas. Ellos te darán las bases necesarias para alcanzar las metas que te has propuesto para tu vida. Los pasos también le darán la guía necesaria para captar cuando usted está viviendo en su voluntad y no por la voluntad de Dios.

Hay algunos elementos fundamentales para entender el concepto de la voluntad propia. La primera es lo que considerarías factores importantes en tu vida. La segunda es cuáles son los factores verdaderamente importantes en tu vida. Entramos en este programa pensando que somos gente rota que no es digna de nada ni de nadie. Esto simplemente no es cierto. Somos personas talentosas que buscan una existencia feliz sin la amenaza de la violencia en la vida cotidiana. Nuestras necesidades y deseos deben satisfacerse y lograrse como cualquier otra persona. Debido a este hecho, estamos decididos a ganar los derechos que merecemos, a veces a cualquier costo. El precio puede ser extremo cuando estamos viviendo una relación abusiva.

Cuando finalmente optamos por dejar nuestra situación abusiva, nos dimos cuenta de que no éramos infalibles. Cometimos errores y tuvimos que mirar nuestra parte en esas decisiones. A pesar de que no somos responsables de la parte de abuso de la relación, somos responsables de nuestra co-dependencia.

El aspecto de aceptar completamente las consecuencias de nuestras acciones es algo que todos nosotros quisiéramos ignorar. Sin embargo, cuando elegimos este camino, bloquea todas las posibilidades de contacto consciente con nuestro Poder Superior y aprender a vivir por Su voluntad no es posible. Es la comunicación consciente que nos da la guía para vivir por Su voluntad. Esta conversación bilingüe es única para cada persona y los mensajes que recibimos son igualmente distintivos.

Paso cuatro: "Hicimos un inventario moral intrépido y sin miedo de nosotros mismos".

Sección Cuatro - Amor: Así como el corazón iguala el flujo en el cuerpo, así el amor armoniza los pensamientos de la mente, trayendo paz tanto a la mente como al cuerpo.

Los siguientes pasos están diseñados para la exploración de nuestro carácter, y aprendemos a identificar la naturaleza exacta de nuestros errores. Durante la siguiente sección de este paso, puede encontrar que sus problemas existían mucho antes de que comenzara la relación abusiva; tal vez incluso de niño.

La mecánica de trabajar a través de este paso requerirá un inventario inflexible de sus acciones pasadas. Algunos de los recuerdos evocados de la lista de su inventario moral puede ser descorazonador e incluso doloroso, pero el proceso puede conducir al alivio del dolor, la culpa y la vergüenza. Mientras sigas llevando los dolorosos recuerdos dentro, la restauración será difícil.

Si usted se encuentra teniendo aprensiones sobre el inicio de este paso, puede ser útil para expulsar cualquier duda o reserva sobre la dificultad de discutir el pasado. En su lugar, preste atención a los aspectos positivos y beneficios de trabajar en este paso. Entonces mantén una mente abierta a lo que pueda ser revelado.

Muchos de nosotros tenemos algún tipo de moral o una idea de lo que son los valores, no importa lo mal interpretados que puedan ser. La definición básica de moral se basa en lo que la conciencia de alguien sugiere que es correcto o incorrecto, en lugar de en las reglas o la ley dice que se debe hacer. Así, con este conocimiento tu moral cambiará con lo que te concentres más y consideres importante. En este caso, trabajar a través de estos pasos te ayudará a establecer un código moral basado en principios espirituales.

Paso cinco: "Admitimos a Dios, a Nosotros mismos y a Otro Ser Humano la Vergüenza y Humillación de Nuestra Aceptación de la Violencia Para Retener Nuestra Vida".

Sección cinco - Potencia: Cada palabra produce según su tipo... primero en la mente, luego en el cuerpo, y eventualmente los asuntos del individuo.

Admitiendo a Dios, a nosotros mismos y a otro ser humano la vergüenza y la humillación de la violencia retenida en nuestra vida, participamos en las etapas de la restauración. Nuestra admisión alienta el sentido de confianza en este programa y el progreso en el proceso de restauración. Solo podemos vivir con la esperanza de la restauración si el deseo de alcanzar el éxito es mayor que el deseo de permanecer en nuestra situación actual.

Nuestra mente y nuestro cuerpo están conectados como una unidad, por lo que lo que afecta a la mente afecta al cuerpo. Todas estas situaciones traumáticas crean una reacción adversa con todas las partes del cuerpo. Cuando las ocurrencias ocurren durante un período de tiempo, las ramificaciones se convierten en realidad. La mente comienza a crear razones para el abuso como una forma de compensar la confusión, dolor y angustia causada por la situación. Sin ninguna información nueva que usar, la mente usa experiencias pasadas para producir estas ideas. En este caso, el círculo de violencia continúa en un patrón repetido, hasta que algo causa un cambio drástico en la realidad. La alteración rompe el círculo inflexible de la devastación y comienza una nueva transformación.

    Cuando entramos en este programa, lo más probable era que algo en nosotros muriera. La nueva vida y el cambio solo pueden ocurrir después de la muerte de otra cosa. Para que nazca una nueva vida, algo tiene que morir y caer. Es la naturaleza del universo. El deseo de cambio es la creación perpetua de la vida misma. Por lo tanto, es imperativo que generemos palabras, pensamientos y acciones con la plenitud de la vida.

    Nuestro cuerpo se alimenta de palabras. Cuando esas palabras dan vida, producen salud. Cada vez que hablas, haces que los átomos de tu cuerpo tiemblen y cambien de lugar. Cada palabra surge según su tipo: primero en la mente, luego en el cuerpo, y más tarde en sus asuntos. Sus conversaciones pueden crear mala salud en lugar de buena salud debido a las palabras equivocadas.

Paso seis:"Estábamos completamente listos para liberar y pedirle a Dios que eliminara todos estos defectos de carácter".

Sección Seis - Imaginación: La imaginación es la tijera de la mente. Creas las fotos, que toman tus pensamientos y les dan forma.

Comenzamos a trabajar a través del Paso Seis lleno de alivio y una idea de lo que significa la libertad. Nuestra esperanza de un futuro sin abusos es brillante. Hemos visto el daño de nuestro pasado y cómo afectó al presente. Incluso hemos visto un vistazo de cómo podemos empezar a corregir los problemas, pero primero, **debemos estar completamente dispuestos a que Dios elimine nuestros defectos de carácter.**

En el proceso de trabajar a través de los últimos cinco pasos, hemos comenzado a ver los patrones en nuestro comportamiento y llegamos a entender cómo es probable que actuemos sobre los mismos defectos una y otra vez. Esta conciencia trae un reconocimiento consciente de nuestras acciones y la voluntad de que se eliminen nuestros defectos de carácter. Estas imperfecciones son una creación del pasado que soportamos. No hacen a la persona que estamos dentro. Nuestra verdadera naturaleza es el total de nuestros pensamientos. La imagen que llevas en el interior es lo que brilla a través de para que todos la vean. La paciencia y el trabajo continuo son las claves de la consistencia y el único patrón que inicia la restauración completa.

Mientras luchamos a través de estos pasos y trabajamos en la nueva vida que deseamos, el proceso puede parecer una vida, especialmente cuando nos enfrentamos con imágenes y pensamientos aterradores. A veces crea una falsa realidad que nos lleva a creer que no podemos sobrevivir por nuestra cuenta. Esto es falso, un concepto completamente ridículo. El miedo nos mantiene encerrados en un tren de pensamiento que minimiza nuestros patrones de comportamiento; el miedo infundado permanece mucho tiempo después de que la situación real haya pasado. Solo aceptando nuestros defectos de carácter y entendiendo por qué han controlado nuestras vidas podemos empezar a liberar el miedo y avanzar.

El concepto de entender los defectos de carácter puede parecer antinatural o confuso. Algunos de nosotros no sentimos que tenemos defectos y estamos bien como estamos; sin embargo, este es un razonamiento falso. No podríamos haber sobrevivido al abuso que hicimos y no salir con algunos defectos de carácter. Cualquier pensamiento que cree una imagen de negatividad hacia uno mismo o hacia otra persona es un defecto. Cualquier acción **que manipule el control o el incumplimiento de las intenciones honestas se consideran defectos de carácter.**

Debemos aprender a controlar nuestros pensamientos e imágenes y mantenerlos orientados hacia la restauración. Mantener una vía de crecimiento continuo es imprescindible para su desarrollo personal.

Paso siete:"Humildemente le pedimos que nos quitara nuestras carencias".

Sección Siete - Entendimiento: Darme cuenta de las experiencias pasadas solo puede dañar mi futuro cuando se dejan sin atención.

A través de cada paso, estás despojando de todas las cosas malas que han sucedido en tu vida, junto con los aspectos de tu comportamiento y acciones que te llevaron a este programa. A medida que las partes de nuestra vida se despegan, aumenta la conciencia de cada deficiencia y nos permite obtener una mejor comprensión de las elecciones que hicimos y por qué los resultados resultaron como lo hicieron.

Este entendimiento trae familiaridad e incluso una calma serena porque finalmente vemos las consecuencias de las elecciones que hicimos. A medida que este proceso se lleva a cabo, ganamos un aprecio por la humildad y la rendición. Deseamos ansiosamente ser liberados de las oscuras imágenes del pasado y centrarnos en los principios espirituales. A medida que este proceso tiene lugar, también obtenemos una mayor comprensión de nuestra fe.

Comprender la realidad de nuestra relación abusiva y el papel que jugamos es crucial para nuestra restauración. Es cierto que no tenemos la culpa por el abuso o la situación destructiva, pero nuestra elección con respecto a la entrada inicial y la pareja es un área de nuestra vida que tenemos que abordar. Estudiar la naturaleza de nuestras carencias es muy parecido al trabajo que hicimos en el Paso Seis con nuestros defectos de carácter. La diferencia aquí es que podemos reconocer verdaderamente el concepto de rendición y aceptación. Al pedir humildemente esta liberación, deseamos absolutamente la necesidad consciente de la eliminación de estos defectos del carácter.

El Paso Siete puede darnos nuestra primera experiencia de sentir algo de compasión por nosotros mismos. Podemos cometer errores, olvidar algo o no lograr que se hagan todas las tareas del día y no temer una situación abusiva. Está bien ser humano y solo cuidarnos a nosotros mismos.

Podemos decir no a algo simplemente porque no se adapta a nuestras necesidades. Finalmente podemos desarrollar una conexión con los demás, sabiendo que todos estamos sujetos a las mismas inseguridades y fallas que todos los demás. Aprendemos a aceptar nuestros sueños y metas para el futuro como importantes. Tenemos derecho a la felicidad, al éxito y a la prosperidad.

Para eliminar cualquier cosa en nuestras vidas debemos estar dispuestos a alejarnos, no importa cuáles sean las consecuencias. Dar algo significa simplemente hacer espacio para tu bien mayor.

Una vez que aprendas a desarrollar una relación honesta y sincera contigo mismo, te dará una oportunidad para liberar cualquier deficiencia que esté limitando el progreso continuo. Esta es una parte esencial de ganar algún aspecto de esperanza para el futuro y tu felicidad.

Paso ocho: "Hicimos una lista de todas las personas que nos dañaron, y se volvieron dispuestos a hacer la paz con nuestros abusadores y aceptar el juicio es concedido solo por el Dios de nuestro entendimiento."

Sección Ocho - Voluntad: Depende del poder de la creencia.

El paso ocho puede resultar ser el más difícil de todos los pasos. Ahora, no vamos a enmendar a nuestro abusador, pero debemos lidiar con el perdón. En realidad, perdonar a alguien que nos ha causado dolor, tristeza o daño corporal, intencional o no, es uno de los aspectos más difíciles de la restauración. El daño infligido fue tanto físico como emocional; sin embargo, el daño mental puede reemplazar al físico de muchas maneras. Las heridas y moretones cicatrizan, pero las cicatrices quedan atrás. Estas emociones son mucho más profundas de lo que podemos imaginar en algunos casos. El concepto de perdón es un acto de renovación completa, lavando lo malo y desvelando lo nuevo. Es un principio espiritual que no debe tomarse a la ligera. Nunca debe haber miedo en el perdón porque permite una liberación de viejos recuerdos y sus experiencias. Cuando has sido lavado limpio del pasado, tu plan divino puede desarrollarse como se supone. Cuanto más rápido liberes y perdonas, más pronto tu mayor bien puede ser expuesto.

Puede sentir que revisar o escribir sobre el abuso le causará más dolor, pero es todo lo contrario. Al eliminar la parte de abuso real de tu mente, te permite liberar el dolor, la ira, la culpa y la humillación de la parte responsable. Esto deja tu mente libre y aceptando el perdón.

De vez en cuando se pueden sentir olas de duda o amargura, y esto se espera. Has pasado por una situación traumática y la curación lleva tiempo, así que date un respiro. En este caso, sus reservas son válidas.

Es un gran paso que requiere una completa rendición para que el perdón sea posible. Perdonar no es algo que uno simplemente diga, se trata de cómo uno se siente. Ciertas situaciones pueden requerir una separación completa de nuestros abusadores. Así, no sólo nos enfrentamos a la rabia de ser maltratados, tenemos que enfrentar la ansiedad de la pérdida; no muy diferente a la pérdida sentida por la muerte de un ser querido. El duelo también puede jugar un papel importante. El paso ocho nos guiará a través de las fases de resolver nuestros problemas de perdón.

Paso Nueve: "Hicimos Enmiendas Directas a Nosotros Mismos y Declaraciones de Perdón a las Personas Que Nos Han Lesionado".

Sección Nueve - Orden: Discernir la diferencia entre el reconocimiento y la aceptación.

Debido a la magnitud de nuestro abuso, la idea de poder sentarnos y llegar a un entendimiento del perdón y la paz con nuestra situación parece completamente fuera de discusión. Y sin embargo, aquí están, dispuestos a sentarse y escribir una declaración de perdón. Esta es una carta que se basa en el amor y la absolución; un proceso que finalmente te llevará a la restauración que deseas.

El relato real del abuso es algo que puede que nunca aceptes o entiendas, y eso está bien. El punto es que llegamos a una solución de misericordia y compasión por otro ser humano, incluso cuando nos han hecho daño. La rendición final a su Poder Superior es de voluntad y solicitud para pedir la liberación de esta montaña rusa emocional en la que han estado desde hace algún tiempo. La pregunta que debes hacerte es, ¿mi voluntad y confianza han crecido lo suficiente como para guiarme a través del noveno paso?

El noveno paso no se puede envolver en un pequeño paquete limpio para ser ignorado como una fase menor y se logra rápidamente. Este paso es algo que podría tomar años para completar, o puede que nunca termines este. Cuando usted está finalmente listo para escribir las declaraciones de perdón y centrarse en el resultado de cada uno, se debe hacer una cuidadosa deliberación para discernir las consecuencias de esa decisión. Solo hacemos enmiendas directas a esas personas siempre que sea posible, excepto cuando hacerlo los perjudicaría a ellos o a otros (especialmente a nosotros mismos).

Cuando observamos las decisiones en nuestras vidas que crearon situaciones hirientes, el foco debe estar en las razones por las que se hizo nuestra elección. Por eso es tan importante enmendar las cosas con una deliberación cuidadosa y debemos tener presentes las causas iniciales.

Todos entramos en este programa en diferentes niveles de abuso. Algunos pueden haber sido más físicos que mentales, mientras que otros contienen variaciones extremas de cada uno. Debido a esta desviación, los cambios en su personalidad y disposición varían tanto. Por lo tanto, puede que ni siquiera se den cuenta de las transformaciones a menos que alguien las señale. Esto hace que sea especialmente importante discutir cualquier enmienda o declaración de perdón antes de hacer uno o escribir uno.

A medida que pasa el tiempo, los cambios suelen ser graduales y sin iniciaciones drásticas. Por lo tanto, es útil tener una guía del proceso. Durante este curso, los cambios se basarán en cómo se siente. Las emociones pertenecen a ti mismo en general, pero incluyen tus logros en este programa también. Mantener un diario detallado es una gran guía de referencia a medida que avanza por los pasos.

A veces pensamos que apresurarnos a obtener un resultado aliviará la presión que sentimos dentro cuando en realidad, solo agravamos el problema. La culpa superficial y la vergüenza son lo que parece evidente, pero puede haber problemas subyacentes de los que ni siquiera somos conscientes todavía.

Paso diez: "Seguimos buscando la restauración a través de un inventario personal diario y aceptando la responsabilidad por Nuestras Acciones".

Sección Diez - Celo: Una actitud agraciada y flexible que trabaja en el interior de cada persona, manifestándose como gran compasión y amor.

Los primeros nueve pasos te llevaron a algunos cambios dramáticos en tu vida. Algunos de ellos pueden estar más allá de lo que esperabas. Pudimos llegar a la conclusión de que nuestras opciones no siempre fueron acertadas o exitosas, pero sobrevivimos a la situación. Nuestra experiencia nos llevó a este programa donde podemos encontrar la restauración y lograr la vida de éxito, siempre hemos soñado tener. Con una vigilancia continua, nuestro viaje nos llevará a una vida de alegría y amor. Este camino puede no ser siempre fácil y libre de problemas, pero con el conocimiento que hemos ganado de estar involucrados en este programa nuestro kit de herramientas está lleno, y estamos bien armados para difundir una situación antes de que el desastre pueda golpear. Vivir este programa y los principios enseñados son guías para una vida llena de éxito, pero solo si seguimos siguiendo las prácticas y llevando el mensaje a los demás. **Como se ha señalado, antes, esta guía pretende ser un punto de partida, no la palabra final en ninguno de los pasos.**

Sentimiento versus acción

Para comenzar los elementos básicos de un inventario personal, primero debemos entender su importancia. Mantener lo que tenemos en este punto; debemos seguir practicando los principios espirituales que hemos aprendido. Al hacerlo, tenemos que intimar más con lo que somos como persona. Esto se puede hacer evaluando patrones de comportamiento y haciendo un inventario personal. Para crear este inventario, debemos mantener una conciencia continua de lo que estamos sintiendo, pensando, y aún más importante, lo que estamos haciendo.

Paso once: "Buscamos, a través de la oración y la meditación, mejorar nuestro contacto consciente con Dios tal como lo entendíamos, orando solo por el conocimiento de su voluntad para nosotros y el poder para llevarlo a cabo".

Sección Once - Eliminación: El poder de la eliminación está constantemente infundiendo más energía en el ser de uno y al mismo tiempo arrojar fuera de la mente y el cuerpo todos los residuos. El amor perdonador de nuestro Poder Superior no es solo una maravillosa estimulación espiritual para el alma y el cuerpo, es un factor importante en el proceso de eliminación. Esto causa un avance de lo nuevo a medida que se produce un abandono de lo viejo.

Debemos aprender a practicar la ley del perdón porque se basa en una nueva vida. Cuando aprendemos a rendirnos a su fundamento, recurrimos al poder de la fuerza de Dios, la fuente divina, para expulsar a los viejos. Aferrarse a los pensamientos de infelicidad, culpa y vergüenza hace que la falta de armonía exista en nuestras vidas. Una vez que la luz nueva nace en el consciente, da paso a viejos errores y pierden su agarre y se alejan. Debes aprender a aceptar que la caída de lo viejo y la presencia de lo nuevo es el resultado de la ley de Dios en tu vida.

El undécimo paso es la búsqueda de la iluminación interior, y con este conocimiento puedes desarrollar un contacto consciente con el Dios de tu Entendimiento. Junto con esta exploración, aprenderemos el concepto de fe. Esta dedicación fomentará los medios para vuestra espiritualidad.

La convicción de buscar tu espiritualidad es única para cada persona. Algunos de nosotros tal vez necesitemos tomar un nuevo curso, mientras que otros prefieren tomar el camino que aprendieron cuando eran niños o re-desarrollar una herencia familiar. De cualquier manera, el factor importante aquí es que continuamos el viaje.

Algunos de nosotros llegamos a este punto y simplemente no lo sabemos. Cada camino que hemos intentado en el pasado ha traído miedo, dudas y resentimientos, e incluso las vías actuales parecen ajenas. Esto no es de ninguna manera una razón para frustrarse o desanimarse. Todos entramos en este programa en diferentes niveles de nuestra vida. Solo a través de la oración y la guía podemos seguir esforzándonos y encontrando nuestro bien más elevado.

Buscando descubrir nuestra espiritualidad, es probable que visitemos una institución espiritual u organización comunitaria. Somos propensos a leer numerosos libros sobre espiritualidad y crecimiento personal, junto con las personas que nos acercaremos y encontraremos durante este viaje. Es a través de este proceso que realmente descubrimos quiénes somos y cuál es nuestro propósito. Sea cual sea el enfoque que elija, el proceso es personal y único.

Un ejercicio significativo es desarrollar la iniciación de la oración y la meditación. Es mediante el uso de una o ambas prácticas que desarrollamos nuestro contacto consciente con el Dios de nuestro Entendimiento.

La práctica de la oración y/o meditación es tan diversa como tu espiritualidad. Por supuesto, habrá puntos en común en cualquier método de oración y pedir alguna guía se recomienda si eres nuevo en el concepto. Escribir una colección de sabiduría obtenida de cada persona o contexto que ha encontrado construye una base básica sobre la cual puede construir una práctica. Hay un modelo básico que debes formar: un diálogo. Las relaciones son una calle de doble sentido y ambas partes deben dar para recibir.

La oración es hablar con nuestro Poder Superior, y tal vez no en el habla; podría estar en nuestras acciones o en los sentimientos evolutivos que llevamos ahora. De cualquier manera, la comunicación debe permanecer constante y progresiva. A través de la secuencia de estos pasos se ha establecido una base sólida sobre la que construir. Muchos de nosotros hemos llevado el proceso de oración a momentos específicos del día, lo que ayuda a desarrollar buenos hábitos de comunicación. Estos hábitos también se extenderán a otras áreas, mejorando la restauración en todos los aspectos de tu vida.

Si esta es tu primera experiencia con el trabajo a través del undécimo paso, te sorprenderás de que hayas estado orando y meditando durante todo este proceso. Cada vez que usted participa en una reunión, se reúne con su entrenador de vida o patrocinador o se sienta en silencio, usted está evolucionando su contacto consciente con Dios.

Es a través de este proceso que desarrollamos patrones de meditación. Como se dijo antes, la meditación es tan única como el proceso de oración y la espiritualidad. Lo que están aprendiendo son algunas pautas para desarrollar un entendimiento y conocimiento de su Poder Superior.

Paso Doce: "Habiendo tenido un despertar espiritual como resultado de estos pasos, tratamos de llevar este mensaje a otros, y practicar estos principios en todos nuestros asuntos."

Sección Doce - Vida: Afirmar la "vida" hará la fuerza vital en todo el cuerpo.

Si estás leyendo esta oración inicial, entonces has tenido un despertar espiritual. La naturaleza del despertar es única para cada persona, aunque las similitudes en nuestras experiencias son notables. Cada individuo sentirá cambios en sus sentimientos. Se encenderá una chispa, y sentirán su propósito. Casi instantáneamente la gente comenzará a notar los cambios y el crecimiento. Aún reconocemos los relatos del pasado y la importancia de recordarlos, pero estas experiencias ya no representan quiénes somos. La mayoría de nosotros sentimos que tenemos una segunda oportunidad en una nueva vida.

El viaje para nosotros no fue rápido ni de la noche a la mañana, pero el esfuerzo concienzudo que hicimos nos transformó en la gente alegre y vibrante que somos hoy. Nos miramos en el espejo y nos gusta la persona que vemos. De hecho, recordar el pasado y mirar la forma en que vivimos es impensable ahora. No podemos imaginar cómo sobrevivimos y estamos agradecidos de que el estilo de vida esté en el pasado.

El mensaje de la vida ha traído ahora un nuevo significado; ya no es algo que simplemente hagamos. Estamos recordando que la expresión de la vida es infinita. Atrévete a creer en las posibilidades ilimitadas para tu futuro. No dejes que las ideas inactivas obstruyan tu mente, más bien abre tu pensamiento a la conciencia de una nueva vida llena de ideas creativas expresadas a través de tus afirmaciones.

Repita esto a menudo: *"Mi mente, cuerpo y asuntos están ahora llenos y encantados con la vida rejuvenecedora."* Esta simple afirmación puede transformar su mente, cuerpo y asuntos, trayendo viva la energía natural que ya está presente en su cuerpo.

Estos pasos son una base establecida para ayudarnos a reiniciar nuestra vida sobre bases sólidas; una losa concreta que creamos para nosotros mismos a través de la honestidad, la integridad y la determinación. Nuestra capacidad de soportar las experiencias una y otra vez, mientras trabajamos a través de estos pasos, nos permitió ver que tenemos el poder y la fuerza para sobrevivir a cualquier situación.

Podemos estar mirando hacia atrás en este punto y recordando a amigos, familiares, compañeros de trabajo, quienquiera, preguntándonos por qué no sobrevivieron al abuso. El pensamiento es triste e incluso podemos sentirnos enojados, pero a través de este despertar espiritual aprendemos a aceptar nuestro Poder Superior tiene un mejor plan para nosotros y ellos. Tenemos que reconocer que están en un lugar mejor, libres de cualquier abuso adicional.

Ha llegado el momento de completar su viaje en este programa. El mensaje de esperanza es la única tajada de vida que tiene el recién llegado cuando entra en estas habitaciones. Cualquier concepto de vivir sin la amenaza de daño corporal es imposible para un nuevo miembro. Están envueltos en las realidades del abuso, solo buscan una forma de sobrevivir otro día. El comportamiento violento de su relación abusiva les envuelve como una manta pesada, limitada por el miedo al castigo eterno por las decisiones que tomaron en el pasado. Son soluciones que el recién llegado busca encontrar, de aquellos que han sobrevivido a una situación abusiva y ahora viven una vida de completa restauración.

¿Qué significa llevar el mensaje? Obtuviste el conocimiento que has aprendido trabajando a través de estos pasos porque alguien antes de ti experimentó el dolor del abuso. Con compasión por otro ser humano, eligieron pasar sus historias de restauración junto con las esperanzas de que otra persona pudiera ser librada de la misma experiencia de vida, o porque vieron a un recién llegado luchando por encontrar su camino. Estas historias podrían liberarlos del pasado, abriendo una puerta para un futuro más brillante.

El mensaje de la restauración se puede desglosar de manera muy sencilla: *"Vivir libre de abusos, la restauración es posible, y hay esperanza"*.

Capítulo cinco ¿Cómo puedo ser de servicio?

"Pide y te será dado; busca y encontrarás; llama y la puerta se abrirá para ti. Todo el que pide recibe; todo el que busca encuentra; todo el que llame tendrá la puerta abierta. Así que siempre trata a los demás como quieres que te traten; esa es la pauta del servicio".

¿Qué puedo hacer?

Comience su programa tomando el paso uno del capítulo anterior, "En qué forma funciona". Cuando concedemos plenamente a nuestro yo más íntimo que no tenemos poder sobre nuestro abuso, hemos dado un gran paso en nuestra restauración. Muchos de nosotros hemos tenido algunas reservas en este punto, así que date un respiro, y sé lo más minucioso posible desde el principio. Continúe con el Paso Dos, y así sucesivamente, y a medida que avance llegará a un entendimiento del programa por sí mismo. Si no estás completamente libre de tu situación abusiva y estás aquí para averiguar cómo funciona este programa, continúa leyendo y la decisión de irte quedará clara. Al salir vivo, continúe con su programa diario y póngase en contacto con un miembro de PS. Haga esto por correo, por teléfono o en persona. Mejor aún, ven a nuestras reuniones. Aquí encontrarás respuestas a algunas de las cosas que pueden estar molestándote ahora.

Si estás libre de tu situación abusiva, lo mismo se sostiene: estar a salvo por hoy. El verdadero milagro ocurre cuando te das cuenta de que la libertad es el camino hacia una vida libre de abusos. Has ganado tu libertad y has empezado a vivir.

La literatura de Sobrevivientes sugiere que el trabajo de servicio es una parte esencial de la restauración. El servicio es "hacer lo correcto por la razón correcta". Ayudar a otros seres humanos a encontrar su mayor bien es la base para vivir una vida libre de abusos.

El trabajo de servicio generalmente implica presidir una reunión, o puede ser tan simple como limpiar después de la reunión, guardar sillas, o contestar un teléfono, etc. Aparte de presidir o ayudar a dirigir una reunión, existen puestos de servicio formalizados básicos a nivel de grupo para ayudar al grupo a desempeñar su función: algunos ejemplos incluyen tesorero, secretario y representante de servicios de grupo (GSR) que representa al grupo en la estructura de servicios más amplia.

La estructura de servicios de Purposed Survivor funciona a nivel de zona, regional y mundial. Estos niveles de servicio existen para servir a los grupos y son directamente responsables ante esos grupos; ellos no gobiernan. Los servicios mundiales rinden cuentas a las regiones miembros, que a su vez rinden cuentas a las zonas miembros. Los Comités de Servicios de Área apoyan directamente a los grupos miembros y a menudo organizan eventos especiales, como bailes y picnics.

Los comités de servicios de zona también proporcionan subcomités especiales para atender las necesidades de los miembros que pueden estar confinados en cárceles e instituciones, y también proporcionarán una interfaz pública a los miembros del programa.

Reuniones

Las reuniones periódicas organizadas por los grupos de apoyo a las actividades son la base básica del programa de apoyo a las actividades. Las reuniones se llevan a cabo en una variedad de lugares como salas de reuniones de la iglesia, bibliotecas, hospitales, centros comunitarios, parques o cualquier otro lugar que pueda alojar una reunión.

Los miembros que asisten a la misma reunión de forma regular comienzan a establecer una red de restauración y una rutina confiable, y entienden que este es su "Grupo Familiar". Los miembros del grupo pueden participar en los negocios del grupo, y jugar un papel importante en la decisión de cómo deben llevarse a cabo las reuniones del grupo.

Formatos de reunión

Hay dos tipos básicos de reuniones, "abiertas" y "cerradas". Cualquier persona puede asistir a una reunión abierta, mientras que las reuniones privadas se limitan a los sobrevivientes que piensan que pueden tener un problema con una situación de abuso doméstico.

Se establecieron reuniones privadas para personas que no están libres de su situación abusiva. Los lugares de reunión se mantienen confidenciales y en secreto por razones de seguridad. Se proporciona la información necesaria sobre los detalles de las reuniones. Póngase en contacto con un presidente de SHI (Refugio, Hospital, Institución) para obtener detalles específicos de la reunión si usted o alguien que conoce necesita información de la reunión.

Los formatos de las reuniones varían, pero a menudo incluyen tiempo dedicado a la lectura en voz alta de la literatura de PS con respecto a los temas involucrados en vivir una vida libre de abuso, que es escrito por y para los miembros de PS. Muchas reuniones también incluyen un componente de "compartir abierto", donde cualquiera que asista tiene la oportunidad de compartir. Generalmente no hay retroalimentación directa durante el intercambio; sólo una persona habla en un momento dado durante esta parte de la reunión. Algunos grupos optan por acoger a un único orador (esas reuniones suelen denominarse "reuniones de oradores") para compartir la mayor parte del tiempo de reunión.

Otros formatos de reunión incluyen round-robin (el intercambio se realiza en círculo o cada orador elige a la siguiente persona que desea compartir). Algunas reuniones se centran en leer, escribir y/o compartir acerca de uno de los Doce Pasos o alguna otra porción de la literatura del PS. Algunas reuniones son reuniones de "necesidades comunes" (también conocidas como "interés especial"), que apoyan a un grupo particular de personas en función del género, la identidad sexual, la edad, el idioma u otras características. Estas reuniones no son excluyentes, ya que cualquier Superviviente es bienvenido en cualquier reunión del PS. Las Comunidades de Supervivientes Propuestas a menudo harán un esfuerzo para tener una reunión abierta al mismo tiempo para los miembros que no se identifican con la reunión de necesidades comunes.

Durante la reunión, algunos grupos asignan tiempo para los anuncios relacionados con el PS; por ejemplo, a veces se permite a los individuos anunciar su libertad al grupo. En algunos encuentros, las etiquetas clave se dan como un recuerdo al recién llegado que ha logrado un hito. En algunas áreas, el Superviviente que está celebrando podrá hacer que los miembros del grupo de apoyo lean las lecturas para la reunión y tendrá un orador que lleve el mensaje del PS. Entonces el Superviviente que celebra puede compartir su experiencia, fuerza y esperanza con el grupo sobre cómo lo hicieron.

"Cada grupo tiene un propósito primordial: llevar el mensaje al Sobreviviente que aún sufre las ramificaciones del maltrato doméstico", (Superviviente Propósito, Quinta Tradición). Por lo tanto, el recién llegado es considerado como la persona más importante en cualquier reunión. El mensaje de Purposed Survivor es esperanza, que hay otra manera de vivir. La única promesa del PS es que cualquier persona que busque liberarse de las ramificaciones del abuso doméstico puede encontrar esperanza a través de los 12 Pasos y 12 Tradiciones de este programa.

Patrocinio/Life Coach

Un Superviviente ayudando a otro es una parte esencial del programa PS. Por lo tanto, es muy recomendable que los miembros de Purposed Survivor encuentren un patrocinador o entrenador de vida. Un patrocinador o entrenador de vida es un miembro de PS que ayuda a otro miembro del programa compartiendo su experiencia, fuerza y esperanza en la restauración y sirve como guía a través de los Doce Pasos. Al hacerlo, los miembros de PS a menudo eligen un patrocinador o entrenador de vida con experiencia en la aplicación de los Doce Pasos del Superviviente Propuesto. Para una identificación más fuerte, muchos miembros de PS tienen patrocinadores o entrenadores de vida del mismo sexo, aunque los miembros son libres de elegir a cualquier otro miembro como patrocinador o entrenador de vida. También se sugiere que se debe encontrar un patrocinador o entrenador de vida que no solo ha trabajado a través de los 12 pasos de Superviviente Propuesto, sino que esa persona también tiene un patrocinador o entrenador de vida que ha trabajado a través de los 12 pasos de Superviviente Propuesto.

Anonimato

"El anonimato es el fundamento espiritual de todas nuestras tradiciones, recordándonos siempre que ponemos los principios ante las personalidades".

Muchos miembros del PS se identifican en las reuniones sólo por su nombre de pila. El espíritu del anonimato consiste en colocar "principios ante personalidades" y reconocer que ningún Superviviente individual es superior a otro, y que los Supervivientes individuales no se recuperan sin el programa o sus principios espirituales.

La Undécima Tradición establece que los miembros del PS "necesitan mantener siempre el anonimato personal a nivel de prensa, radio y películas".

En este día,

"Viviré libre de mi abusador".

En este día,

"Me centraré en mi nueva forma de vida".

En este día,

"Quiero ser libre y llevar el mensaje a quienes aún sufren las ramificaciones del maltrato doméstico".

La restauración, tal y como la experimentamos a través de nuestros 12 Pasos, es nuestro objetivo. Para mejorarnos a nosotros mismos se necesita esfuerzo, y como no hay manera en el mundo de injertar una nueva idea en una mente cerrada, se debe hacer una apertura de alguna manera. Puesto que solo podemos hacer esto por nosotros mismos, necesitamos reconocer a dos de nuestros enemigos aparentemente inherentes, la negación y el miedo. El proceso de pensamiento disfuncional que nos hemos permitido desarrollar crea la evolución continua de la situación de maltrato doméstico. Solo por nuestra voluntad de escapar del medio ambiente podemos encontrar una verdadera restauración.

Capítulo seis En qué sentido funciona

(Las 12 tradiciones del sobreviviente a propósito)

"Creemos que la única manera de que nuestra conciencia de grupo permanezca intacta es a través del servicio y compromiso de cada miembro. Solo usando los principios que aprendimos trabajando a través de los 12 Pasos podemos llevar el mensaje de las 12 Tradiciones a todos y cada uno de los grupos".

Solo desde el mensaje podemos ayudar a nuestros miembros a seguir logrando la restauración. Obtenemos completa libertad cuando buscamos la restauración de un grupo de personas que buscan la misma forma de vida. Nuestras tradiciones se establecieron para garantizar la seguridad y el éxito del Programa de Sobrevivientes Propuestos.

Nuestro bienestar común debería ser lo primero; la recuperación personal depende de la unidad del PS.

Para nuestro propósito grupal no hay más que una autoridad última: un Dios amoroso como Él puede expresarse en nuestra conciencia grupal. Nuestros líderes no son más que servidores de confianza; ellos no gobiernan.

El único requisito para ser miembro es el deseo de vivir una vida libre de abusos.

Cada grupo debe ser autónomo, salvo en asuntos que afecten a otros grupos o al Superviviente Propuesto en su conjunto.

Sólo tenemos un propósito: llevar el mensaje al individuo que busca la restauración y la vida libre de abusos.

Un grupo de Supervivientes Propuestos nunca debe respaldar, financiar o prestar el nombre de Supervivientes Propuestos a ninguna instalación relacionada o empresa externa, para que los problemas de dinero, propiedad o prestigio no nos desvíen de nuestro propósito principal.

Cada grupo de Supervivientes Propósitos debe ser totalmente autosuficiente, disminuyendo las contribuciones externas.

Propósito Superviviente debe permanecer para siempre no profesional, pero nuestros centros de servicio pueden emplear trabajadores especiales.

Propósito Superviviente, como tal, nunca debe ser organizado, pero podemos crear juntas de servicio o comités directamente responsables a aquellos que sirven.

Purposed Survivor no tiene opinión sobre temas externos; de ahí que el nombre de Superviviente Propuesto nunca deba ser arrastrado a la controversia pública.

Nuestra política de relaciones públicas se basa en la atracción más que en la promoción; siempre debemos mantener el anonimato personal a nivel de prensa, radio y películas.

El anonimato es el fundamento espiritual de todas nuestras Tradiciones, recordándonos siempre que ponemos los principios ante las personalidades.

La comprensión de estas tradiciones viene lentamente a lo largo de un período de tiempo. Recogemos información mientras hablamos con los miembros y visitamos varios grupos. Por lo general no es hasta que nos involucramos con el servicio que alguien señala que la recuperación personal depende de la armonía de Superviviente Propuesto, y que la armonía depende de cuán bien seguimos nuestras Tradiciones. Las Tradiciones de Sobrevivientes Propósitos no son negociables.

Son las pautas que mantienen vivo y libre nuestro programa. Al seguir estas pautas en nuestros tratos con los demás y con la sociedad en general, evitamos muchos problemas. Eso no quiere decir que nuestras Tradiciones eliminen todos los problemas. Todavía tenemos que enfrentar dificultades a medida que surgen: problemas de comunicación, diferencias de opinión, controversias internas y problemas con individuos y grupos fuera del programa. Sin embargo, cuando aplicamos estos principios, evitamos algunos de los escollos.

Muchos de nuestros problemas son como los que nuestros predecesores tuvieron que enfrentar. Su experiencia tan arduamente ganada dio origen a las Tradiciones, y nuestra propia experiencia ha demostrado que estos principios son tan válidos hoy como lo eran cuando se formularon estas Tradiciones. Nuestras Tradiciones nos protegen de las fuerzas internas y externas que podrían destruirnos. Son verdaderamente los lazos que nos unen. Solo a través de la comprensión y la aplicación es que funcionan.

Carácter de Asuntos Uno "Nuestro bienestar común debería ser lo primero; la recuperación personal depende de la unidad del PS".

Nuestro carácter de asuntos se refiere a la unidad y a nuestro bienestar común. Una de las cosas más importantes de nuestra nueva forma de vida es ser parte de un grupo de Supervivientes que buscan la restauración. Nuestra supervivencia está directamente relacionada con la supervivencia y el compañerismo del grupo. Para mantener la unidad dentro de PS, el grupo debe permanecer estable, o todo el programa perece y el individuo muere.

El Programa de Sobrevivientes Propuestos puede hacer por nosotros lo que podemos hacer por el programa. Podemos ofrecer las historias de nuestro pasado al recién llegado, trayendo luz a la promesa de esperanza y libertad. Descubrimos que las personas que se desviaron del programa encontraron que la vida en el exterior era difícil e incluso perjudicial para su salud y bienestar en ocasiones. Establecimos un lugar de seguridad y entendimiento con los otros Supervivientes en el programa. Nadie puede revocar nuestra membresía a menos que elijamos retirarnos del grupo. Nuestra nueva forma de vida es guiada por el ejemplo, no por la dirección.

La unidad es una necesidad en el Programa de Sobrevivientes Propuestos; por lo tanto, debemos continuar con compasión y comprensión de otros Supervivientes en el programa. No todos entramos en este programa en el mismo nivel o en las mismas experiencias de vida. En este caso, mantener una mente abierta y una actitud dispuesta minimizará los desacuerdos y conflictos. El crecimiento en nuestra propia restauración depende de la unidad del programa.

Con una fe unida en un Dios de nuestro entendimiento, trabajo duro y armonía entre los miembros, sobreviviremos y continuaremos llevando el mensaje al recién llegado, que busca una vida libre de abusos.

Carácter de Asuntos Dos "Para nuestro propósito grupal no hay más que una autoridad última: un Dios amoroso como Él puede expresarse en nuestra conciencia grupal. Nuestros líderes no son más que servidores de confianza; no gobiernan".

Nuestra dirección en el servicio proviene de un Dios de nuestro Entendimiento, ya sea que sirvamos como individuos, como grupo, o como una junta de servicio o comité. Siempre que nos unimos, buscamos la presencia y la guía de este Poder Superior amoroso. Esta dirección nos guía a través de todas nuestras acciones. Cuando elegimos a un miembro para que nos sirva en alguna capacidad, ejercemos confianza mutua.

El concepto básico del Segundo Carácter de Asuntos tiene que ver con el liderazgo. Debemos aprender que para que cualquier organización tenga éxito, todos tienen que liberar personalidades y política de la ecuación. El objetivo superior del grupo es lo que importa. La guía y los actos desinteresados de bondad son las claves del éxito. Purposed Survivor es un programa dado por Dios. Es a partir de esta guía que podemos lograr el bien más alto de nuestra conciencia de grupo.

Carácter de Asuntos Tres "El único requisito para ser miembro es el deseo de vivir una vida libre de abusos".

El Tercer Carácter de Asuntos alienta la libertad de juicio. Nos lleva por el camino del servicio hacia una actitud de ayuda, aceptación y amor incondicional. El abuso es un ambiente mortal en el que existir. Sabemos que las víctimas de abuso doméstico que no encuentran restauración no pueden esperar nada mejor que lesiones físicas, desequilibrios mentales y/o muerte. Negar la admisión a cualquier víctima, incluso a una que viene simplemente por curiosidad, tal vez una sentencia de muerte para esa víctima.

El único requisito para ser miembro es el deseo de vivir una vida libre de abusos. Las personas que no buscan una restauración activa vivirán en un ambiente continuo de locura y una situación abusiva. La elección, sin embargo, debe ser personal y de atracción, no de promoción. La comunidad de historias pasadas y experiencias compartidas es el mensaje de esperanza que llevamos al recién llegado. Es a partir de esas historias que progresamos con nuestra propia restauración. La membresía a Purposed Survivor nunca puede ser de presión o manipulación. Sabemos, sin embargo, que sólo se nos unirán quienes busquen una vida libre de abusos. Esto hace imperativo que sigamos rezando por las almas que todavía sufren las ramificaciones del abuso doméstico.

Carácter de Asuntos Cuatro "Cada grupo debe ser autónomo, excepto en asuntos que afecten a otros grupos o a Purposed Survivor en su conjunto".

Cada grupo tiene libertad completa, excepto cuando sus acciones afectan a otros grupos o al PS en su conjunto. Si nos aseguramos de que nuestras acciones estén claramente dentro de los límites de nuestro Carácter de Asuntos; si no dictamos a otros grupos, ni forzamos nada sobre ellos; y si consideramos las consecuencias de nuestras acciones antes de tiempo, entonces todo estará bien.

La autonomía se define en el diccionario como una "filosofía de la independencia personal y la capacidad de tomar decisiones morales y actuar en consecuencia". Esto significa que cada grupo debe ser autogobernado y autónomo sin ninguna influencia externa. La autonomía da a nuestros grupos la libertad de actuar por su cuenta para establecer una atmósfera de restauración, servir a los miembros y cumplir su propósito primordial. Es por esta razón que cuidamos de cerca nuestra autonomía.

Carácter de Asuntos Cinco

"Tenemos un solo propósito: llevar el mensaje al individuo que busca la restauración y la vida libre de abusos".

¿Cuál es nuestro mensaje? Nuestro mensaje es que cualquier víctima de abuso doméstico puede vivir libre de abuso con el deseo de encontrar una nueva forma de vida. Nuestro mensaje es la esperanza y la promesa de libertad. Cuando todo está dicho y hecho, nuestro propósito principal solo puede ser llevar el mensaje a la víctima que todavía sufre. Esto es todo lo que tenemos para ofrecer al individuo.

Nuestro mensaje debe seguir siendo siempre de esperanza. No podemos valorar cuestiones fisiológicas, financieras, situaciones de vida o cualquier otra circunstancia aparte de la de llevar el mensaje **de libertad**. Cualquier otro mensaje enturbiaría el significado de la restauración, moriríamos y pocos encontrarían una vida libre de abusos.

Carácter de Asuntos Seis "Un grupo de Supervivientes Propuestos nunca debe respaldar, financiar o prestar el nombre de Supervivientes Propuestos a ninguna instalación relacionada o empresa externa, para que los problemas de dinero, propiedad o prestigio no nos desvíen de nuestro propósito principal".

Dentro de los límites establecidos por Character of Affairs Six, tenemos una tremenda libertad para llevar el mensaje de la restauración y ayudar a otros Supervivientes. Tenemos límites claros establecidos por nuestra identidad como Supervivientes Propósitos.

Cuando nos preocupamos por observar esos límites, nuestras relaciones externas se ven mejoradas, junto con nuestra capacidad para llevar el mensaje a la víctima que aún sobrevive a las ramificaciones del abuso doméstico.

Carácter de Asuntos Siete "Cada grupo de Supervivientes Propósitos debería ser totalmente autosuficiente, disminuyendo las contribuciones externas".

Al animar a nuestro grupo a pagar a su manera, Carácter de Asuntos Siete le da a nuestro grupo la libertad de compartir su recuperación como lo considere conveniente, y no estamos obligados a colaboradores externos. Además, da a nuestro grupo la libertad que proviene de la fuerza interior, la fuerza que se desarrolla mediante la aplicación de principios espirituales.

Nuestra política sobre el dinero está claramente establecida: No aceptamos ninguna contribución externa. Nuestro programa es totalmente autosuficiente. Rechazamos cualquier forma de financiamiento, donaciones, préstamos y donaciones. Todo tiene su precio, sin importar la intención. No vamos a poner nuestra libertad de elección en la línea, para ningún propósito financiero, no importa las promesas hechas.

Carácter de Asuntos Ocho "Propósito Superviviente debe permanecer para siempre no profesional, pero nuestros centros de servicio pueden emplear trabajadores especiales."

En Carácter de Asuntos Ocho, decimos que no tenemos profesionales. Con esto, queremos decir que no tenemos psiquiatras, médicos, abogados o consejeros. Nuestro programa funciona con un Superviviente ayudando a otro. Si contratáramos profesionales en nuestros grupos de PS, destruiríamos nuestra unidad. Simplemente somos Supervivientes de igual condición ayudándonos libremente.

Reconocemos y respetamos a los profesionales. Muchas de las personas en este programa son profesionales por derecho propio, pero no tenemos espacio para el profesionalismo en Purposed Survivor.

En este programa, no destacamos a nuestros miembros como profesionales. Con esto, nos aseguramos de seguir siendo "no profesionales para siempre". Sin embargo, empleamos a trabajadores especiales dentro de nuestro carácter de asuntos para servir a nuestro propósito superior.

Carácter de Asuntos Nueve "Propósito Superviviente, como tal, nunca debe ser organizado, pero podemos crear juntas de servicio o comités directamente responsables a aquellos que sirven."

Los grupos de PS se unen, combinando sus recursos para crear juntas de servicios y comités que les ayuden a cumplir mejor su propósito principal. Esos consejos y comités no están llamados a gobernar PS; están llamados, más bien, a ejecutar fielmente la confianza que les dan los grupos a los que sirven. El Sobreviviente Propósito no tiene más que una última autoridad, un Dios amoroso. Es Su voluntad la que lleva la conciencia del grupo a nuestro bien mayor.

Carácter de Asuntos Diez "Purposed Survivor no tiene opinión sobre temas externos; de ahí que el nombre de Superviviente Propuesto nunca deba ser arrastrado a la controversia pública".

Hay un gran número de cuestiones relacionadas con el maltrato en el hogar sobre las que otros podrían esperar que una sociedad mundial de supervivientes de este tipo de maltrato adopte posiciones. Nuestra respuesta, según Character of Affairs Ten, es que nuestros grupos y nuestro programa no toman posición, ni a favor ni en contra, en ningún tema excepto el propio programa PS. Para nuestra propia supervivencia, no tenemos opinión sobre temas externos.

Nuestra restauración habla por sí misma. El carácter de Affairs Ten ayuda específicamente a proteger nuestra reputación. Este programa fue diseñado para ayudar a la víctima de abuso doméstico a aprender a vivir una vida libre de abuso. Sólo si nos mantenemos fieles a estos principios nuestro programa podrá sobrevivir.

Personaje de Affairs Eleven "Nuestra política de relaciones públicas se basa en la atracción más que en la promoción; siempre debemos mantener el anonimato personal a nivel de prensa, radio y películas".

La existencia de una política de relaciones públicas implica la importancia de las relaciones públicas para el propósito de nuestro programa. Como grupos de PS, juntas de servicio y comités, deliberada y enérgicamente cultivamos buenas relaciones públicas, no como un resultado incidental de nuestra actividad normal sino como una manera de llevar mejor nuestro mensaje a los sobrevivientes. El anonimato público ayuda a mantener el foco de nuestras relaciones públicas en el mensaje del PS, no en los trabajadores del PS involucrados.

El concepto de promoción se basa en nuestra capacidad de proteger a los miembros de este programa. En ningún momento damos nuestros apellidos u otras características definitorias o información personal a ningún medio externo, radio, organización profesional, o películas, etc. Hemos encontrado que el éxito de este programa habla por sí mismo, y entonces también lo hace la promoción.

Carácter de Asuntos Doce "El anonimato es el fundamento espiritual de todo nuestro Carácter de Asuntos, recordándonos siempre poner los principios ante las personalidades".

El anonimato es uno de los elementos básicos de nuestra recuperación e impregna nuestro Carácter de Asuntos y nuestro programa. Nos protege de nuestros propios defectos de carácter y hace impotentes a las personalidades y sus diferencias. El anonimato en la acción hace imposible que las personalidades se antepongan a los principios. El diccionario define el anonimato *como "el estado de no ser conocido o identificado por su nombre, por ejemplo, como autor o donante de algo".*

Cuando trabajamos juntos por nuestro bienestar común, podemos lograr un propósito mayor. La conciencia de grupo puede permanecer intacta con el Dios de nuestro entendimiento, y Su voluntad será hecha.

El afán de lucro personal es de egoísmo y es ciego al sufrimiento de los demás. No entramos en el programa por nuestra posición, entramos en este programa por la libertad de vivir la vida sin abusos.

Libros adicionales

- **Saliendo Vivo**
- **Conceptos básicos sobre supervivientes**
- **Comienzos iniciales**
- **12 Guía paso a paso para la restauración**

Síguenos: @purposeSurvivor.com

www.ingramcontent.com/pod-product-compliance
Lightning Source LLC
Chambersburg PA
CBHW071900070526
44583CB00016B/1778